私たちの「ターシャ」を探して

ターシャ・テューダーに憧れて
その生き方や言葉を胸に
前向きに暮らしを楽しむ10軒を訪ねました。

写真：リチャード・W・ブラウン

［序文にかえて］

「ターシャとの出会いは宝」

翻訳家・食野雅子

翻訳を仕事にしている私は、『ターシャ・テューダー手作りの世界　暖炉の火のそばで』（KADOKAWA／メディアファクトリー刊）という本の翻訳がきっかけでターシャと知り合いました。初めてターシャを訪ねたのは2001年。ターシャはすでに85歳になっていました。日本ではアンチエイジングが声高に叫ばれていた時代に、年齢を気にせず、ロングスカートの裾をひるがえして庭の斜面を飛ぶように歩く姿が新鮮でした。若さの秘訣は？

と聞けば、「年齢とともに体が変化するのは当たり前。変化した自分を受け入れてしまえばいいのよ」と、若さを保とうとするどころか、堂々と年を取り、年を取ることを楽しんでいる。勇気づけられました。

ターシャが18世紀築の農家を模した家で、19世紀風の暮らしをしていることは、前述の本で知っていましたが、訪ねてみると、電気スタンド、電気コンロ、冷蔵庫など、電気製品も使っているし、車も80歳まで運転していたというではないですか。自ら「地上の楽園」と呼ぶほど見事な庭をつくっているのに、プロのガーデンデザイナーからフォーマルガーデンとバラ園をすすめられると、「そんなに言うなら」と庭の一部を譲ってつくらせてあげる。そんな柔軟性にも感心しました。

その庭、ターシャはときどき手伝いを頼みながら、基本、一人で世話をしていました。そして、いつ行っても美しいのです。しかも季節によって表情が違う。その理由をターシャにたずねても、「私はただ、好きな花を好きなように植えているだけ」という答え。でも何度も訪ねるうちにわかりました。それぞれの場所に、時季をずらして花が咲くように、多年性植物を仕込んであるのです。小さいころから祖母や母の庭を手伝ってきて、植物のことがよくわかっていたからこそですね。色のバランスが絶妙なのは、画家ならではのセンスでしょう。

そして、こんなことも言っていました。「私は花をあふれんばかりに咲かせたいの。お金に余裕がないときは、1種類の花にお金をつぎ込んで大量に咲かせてみると、豊かな気持ちになるわよ」。やってみると、ターシャの言うとおりでした。いっぽうで、スイセンやアイリスを1列に並べて植えた場所が。花たちが行進しているようで、思わず笑みがこぼれました。石垣の上のシバザクラも固まりにして、間に黄色や白の花の固まりを挟んで繰り返している。リズムが生まれ、音楽が聞こえるようでした。

そんな庭づくりも実は趣味。生計は絵本と絵の仕事で立てていました。ターシャは生涯に、絵本、挿絵本など合わせて１００冊近い本を出版し、数百点に上るグリーティングカードをデザインしていますが、主婦であり母親だったターシャの仕事場は生涯、キッチンの片すみでした。そしてターシャの絵は、植物でも動物でも、人物でも風景でも、長年の間に描きためた現実のスケッチが土台になっているので、目の前の情景を今、写生しているかのようにリアル。子どもたちのはしゃぐ声、風の渡る音が聞こえてくるようです。

ターシャの暮らしは、すべてが絡み合っていました。庭の花、飼っている家畜やペット、子どもたち、近隣の風景――それらはターシャの生活の一部であると同時に、すべて絵の材料になりました。集めたアンティークドレスも、自分で着て楽しむだけでなく、『小公女』などひと昔前に書かれた物語の挿絵や自分が作る服のデザインに役立ちました。もっと言えば、人形で一人遊びをすることが多かった子ども時代の経験が想像力や物語を作る力を育み、紙ナプキンに糸をつけて操ってみたことが、子どもたちとマリオネット劇団を作ったり、バーモントでお客を入れてのマリオネット劇上演につながりました。ターシャの生涯を知り、暮らしを見ていると、人生にムダなことは一つもない、どんなことも必ずどこかで役に立つと思わせられます。

子ども時代、親戚や両親の友人宅にたびたび預けられるなど、さみしい思いもしたと思うのに、置かれた状況を受け入れ、そのなかで喜びを見いだす術《すべ》を身につけ、生涯、自分も楽しみ、人も楽しませせたターシャ。
「私の人生哲学は、15世紀の修道士フラ・ジョバンニの言葉〝世の中の憂鬱《ゆううつ》は影にすぎない。その後ろ、手の届くところに喜びがある〟よ」と、よく口にしていました。

「喜びを見つけようとすることは
いつだって必要よ。
人生は一度きり。楽しまなくちゃ」

食野雅子

MASAKO MESHINO

翻訳家。ノンフィクション、児童書、小説など訳書多数。『ターシャ・テューダー 手作りの世界　暖炉の火のそばで』の翻訳がきっかけでターシャと交流するようになり、ブックデザイナー出原速夫らとともにターシャを何度も訪ね、その暮らしや生き方を日本に紹介してきた。著書に、ターシャとの出会いを綴《つづ》った『ターシャ・テューダーへの道』（主婦と生活社）、『ターシャ・テューダー人生の楽しみ方』（河出書房新社）など多数。2013年には出原とともに、「ターシャ・テューダー　ミュージアム　ジャパン」を開設。ターシャの生涯や作品、ライフスタイルを紹介する活動を続けている。山梨県北杜市大泉町西井出8240-4579
http://www.ttmmuseum.com/　開館スケジュールはHPでご確認を。

本書は、ターシャ・テューダーがその手で生み出したものに刺激され
その言葉に励まされた女性たちを、ご紹介しています。
ターシャの影響を受けた彼女たちの生き方はきっと、軽やかに過ごし
そして前向きに生きるためのヒントになることでしょう。
さあ、あなたの「ターシャ」を探してください。

目次

ターシャ・テューダー基礎知識

アメリカの絵本作家であり、画家であり、人形作家であり、そしてガーデナー……。多彩な顔をもつターシャ・テューダー。彼女は4人の子どもを育て上げたシングルマザーでもありました。

history

1915年8月28日、マサチューセッツ州ボストンで生まれる。両親はボストン名家出身で、特に母方のテューダー家はボストンの政財界を率いる約40家の一つ。

1928年 13歳の誕生日　かねてより欲しいと願っていた牛を買ってもらう

1930年 15歳で学校を退学し、絵画と農業の道を選択

1938年 23歳で結婚。同年、絵本『パンプキン・ムーンシャイン』を初出版
長女ベサニー、長男セス、次男トーマス、
次女エフナーと4人の子どもに恵まれる

1945年 ニューハンプシャー州の古い農場を買い取って移住

1957年 数字やアルファベットの絵本『1 is One』という作品で
絵本画家にとって最も権威のある賞の次点作に選ばれる（2回目）
コーギー犬が大活躍する絵本『コーギービル』シリーズはターシャの代表作に

1961年 46歳で離婚。ターシャ・テューダーと改名

1972年 56歳でバーモント州南部の山中に移住し、
19世紀ごろの農村のようなスローライフを開始

2008年 6月18日　92歳で逝去

絵本作家としてのターシャ

日本ではガーデナーとして知られているターシャですが、本業にあたるのは絵本作家といえるでしょう。23歳でデビューし、繊細な色づかい、素朴でユーモラスなタッチ、精密な描写で農場の暮らしを描いた絵本は、世界じゅうの子どもたち、そして大人をも魅了しました。その絵はクリスマスカードとしても人気があり、かの有名な『若草物語』『小公女』などの挿絵も担当しています。

ターシャの絵本の多くは日本でも翻訳され、読むことができます。

ガーデナーとしてのターシャ

56歳のときに、バーモント州の田舎に30万坪という広大な土地を購入。たった一人で「地上の楽園」と呼ばれるほど美しい庭をつくり上げました。写真や映像で知られるメインガーデンは、建物（コーギコテージ）の南側にあります。

ターシャは庭の設計図をつくらず、「ここに植えたら素敵だろうな」という考え方で、庭をつくっていったそうです。違うと思えば植え替えればいい。その柔軟さには、ターシャの人となりが表れているといわれています。

シングルマザーとしてのターシャ

ボストンのエリートが集う社交界に身を置く名家でありながら、農業に憧れたターシャ。23歳のとき、一緒に農場で自給自足の暮らしをしてみようと言ってくれたトーマス・L・マクリーディと結婚。ターシャに、絵本作家になるよう強くすすめてくれたのは夫であり、4人の子どもにも恵まれました。

46歳で離婚後は絵本の出版で生計を立て、4人とも大学に進学させました（ちなみに、ある一人の男性と再婚しましたが、すぐに離婚しています）。

たくさんの書籍や映像でターシャに会えます

ターシャ・テューダーへの道
著・食野雅子　主婦と生活社　刊
定価：2400円＋税

ターシャ・テューダーのファミリー・レシピ
著・ウィンズロー・テューダー　主婦と生活社　刊
定価：3500円＋税

翻訳家・食野雅子さん（p. 2 ～）の書籍を筆頭に、『NHK 喜びは創りだすもの ターシャ・テューダー四季の庭』の映像、展覧会など、さまざまな形で、ターシャの功績や言葉が没後15年以上たっても生き生きとした姿で伝えられています。常設美術館はp. 9にて。

第一章

庭を育てて20年。いつしか「秋田のターシャ」と呼ばれて

ガーデンカフェ「Time」オーナー
佐々木利子さん

与えられた場所で懸命に咲く花の力に生かされていると感じる日々

秋田県にかほ市の集落で、自宅の敷地を開墾したガーデンカフェ「Time《タイム》」は、電車を乗り継ぎ、最寄り駅からも車で15分という立地。オーナーの私に言わせれば、「意志をもって来なければ、たどり着けない場所」にあります。

にもかかわらず、日本全国からツアー客が訪れてくださるようになりました。ありがたいことに、リピーターも多くいらっしゃいます。

私が庭をつくりはじめたのは20年ほど前。当初は、ターシャの存在すら知りませんでした。あるとき、お客さまから「ターシャの庭の雰囲気に似ているね」と言われたのです。それでちょっと調べてみたら、植物のあるがままを大切にした庭づくり、何でも自分で手作りしていた暮らしぶりに、みなさまがおっしゃるとおり、自分と近しいものを感じました。

私の庭では、特定の品種を主役にしているわけではありません。四季折々に見ごろの花や樹木はあるけれど、すべてがそこで自然に根づいたように調和しているのが理想。新しい苗を仲間入りさせるときには、苗を持って庭を歩き、その植物にふさわしい場所を見つけてあげるのが日課です。

ハーブを豊富に育てているせいか、無農薬でも害虫がつきません。あるがままの植物の姿を生かすことも、ターシャの庭づくりに通じるものがあるのでしょうか。それが「秋田のターシャ」と呼ばれるようになった所以《ゆえん》かもしれません。

ここを訪れる人はみな、何時間も庭を眺めて過ごします。自然のままの植生で生き生きと咲く花の姿に、癒やされるのだと思います。そして、私とおしゃべりをしたり、お客さま同士で庭のこと、人生のことを語り合ったり……。

ここで、みなさんに心を解きほぐしてほしい――それが私の願いです。

ここでお茶やランチを楽しめる。何冊にもふえた「訪問ノート」は、お客さまの思いがたくさん綴《つづ》られている宝物。

庭を一望できる小屋は
自らデザインしたもの

小屋のテラスは特等席。地元の食材をふんだんに使ったランチメニューも、リピーターのお楽しみ。

花も人も、命は永遠じゃない。
だからこそ、今という時間を大切に

私がこの「Time」をオープンしたのは、47歳のときです。たった一人でこの庭づくりをしているということに驚かれる方も多いようです。

もとは竹やぶだった裏山を一人で育て上げたのは、実は、悲しい出来事が重なったことがきっかけでした。

当時、私は両親と妹を続けざまに病気で亡くしたのです。途方もない悲しみに、精神的に深く落ち込んでいた私を救ってくれたのは、生前の妹との約束でした。植物と料理が好きだった妹と一緒に、庭を眺めながら食事を楽しんでもらえる、ガーデンカフェを開くことが夢だったのです。

人生の道半ば、夢もこれからというときに旅立ってしまった妹のために始めた庭づくり。まさに試練の連続でした。裏山の荒れた竹やぶの竹を1本1本切って、地元・鳥海山からの噴石を掘り起こす日々……。最小限の助けは借りましたが、基本的には私が自分の手でつくり上げた土壌であり、庭です。花も人も、命は永遠じゃない。いつ終わりが来るかは誰にもわからない。だからこそ、今という時間が大切なのだと痛切に感じました。

そんな思いをこめて名づけたカフェの名前が「Time」。私が47歳の春にオープンしました。そして67歳の今、「Time」は予想もしなかったほどたくさんの方に足を運んでいただけるようになりました。花を愛《め》で、鳥のさえずりに耳を傾け、滋味に舌鼓を打ち、この場所を五感で楽しんでくださっています。

ここでは、私は自分の体験を率直に話しています。限りある命を懸命に生きたいと願うその私もまた、訪れる人々からパワーをもらっているから。こうして、庭をめぐって素晴らしい循環が生まれているように思います。

1

2

3

4

5

6

7

8

1〝グラハム・トーマス〟、2〝ピエール・ドゥ・ロンサール〟、3〝アンジェラ〟など、バラの時季の見ごたえは格別！　バラのアーチが配された庭をゆっくり散策するのも、至福のひととき。4花アロエ、5ゴールデンシモツケといった、楚々とした花が満開の時季もまた、見どころが豊富。6多くの種類を植えたハーブは、カフェのメニューにも使われている。無農薬なのもうれしい。7ピンクや8白のシレネも可憐。

1鳥海山の噴火で飛んできた石がたくさん埋まっていた敷地。その石を生かした石畳にして、歩きやすい工夫も。2高低差があり、各コーナーがよく見えるガーデンデザイン。いたるところに東屋やベンチが据えられ、好きな場所で庭を堪能《たんのう》できる。3雪が降り積もる季節は、ターシャのように、薪ストーブを焚《た》いたカフェで手仕事にいそしむ。

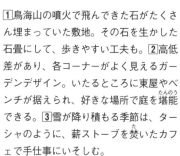

庭づくりが与えてくれた夢は芽吹き これからも大きく育っていきます

私、毎日、幸せを感じているんです。一日に一つ、「よかった」と思えることがあれば、その日は花マル！　同じ日が続くことは、決して当たり前じゃない。幸せも喜びも目の前にある。そう気づけたら人生、幸せだと思いませんか？

当初は、妹のために始めた庭づくりだけれど、今は、自分が自分であるために庭づくりを続けているんです。だから、敷地内の自宅から坂道を上った庭へ、日に何度も往復しても、苦になりません。むしろ、1日でも庭仕事をしないほうがストレスになるほど、年じゅう庭で過ごしています。

庭仕事がお休みになる冬場は、針仕事やクラフトなどの手作りを楽しむ日々。

ターシャのように、蜜《みつ》ろうでキャンドルを作ることもあります。この趣味のことを聞きつけた方たちに頼まれて、ワークショップを開くこともしばしば。冬は冬で、なにかと忙しくしています。最近は、庭づくりに魅せられた人の輪が広がって、ガーデンツアーの主催にも挑戦しました。

今の私の夢は、70歳になったとき、イギリスのコッツウォルズと湖水地方を訪れて、現地の庭をめぐるツアーを主催すること。庭好きの仲間と一緒に、ガーデニングの本場で、素晴らしい庭の数々を心ゆくまで楽しみたいのです。

どんなに困難に思えても、あきらめずにひたすら前に進むことで形にしてきた私のこれまで。荒れ果てた石だらけの土地でも、花と緑のあふれる庭に生まれ変わらせることができました。地方の集落であっても、日本全国から人が訪れて、同じものを見て同じように感動してくれました。

それは、ものがあふれ、すべてが合理化される現代にあって、今なおターシャが私たちを魅了してやまないのと、根幹は同じではないでしょうか。

雑草取り、花がら摘み…。
庭仕事は体力勝負。「なが
ら作業が長続きのコツ」

カフェの小屋の風景。ターシャの庭のように、石垣も自身で積んで造った。石は土中から掘り起こしたもの。

1卵、牛乳、砂糖だけで作るプリンは、素朴な味わいが絶品！ 2地元はイチジクの産地。旬の時季には、ケーキ以外にイチジクをふんだんに使ったランチもいただける。

PROFILE

佐々木利子さん

TOSHIKO SASAKI

ガーデンカフェ「Time」オーナー、ガーデンコーディネーター。著書『「秋田のターシャ」と呼ばれて』(主婦と生活社刊)。秋田県にかほ市大竹字前谷地131 ☎0184-38-3537 インスタグラム @gardencafe_time

第二章

リンゴを栽培しながら庭づくりの「好き」を楽しみたい

リンゴ農家・ガーデナー
熊井智恵子さん

ガーデンハウスへと誘う小道にグラス、秋色紫陽花、ガウラ、コスモスが秋を奏でる。春はオルラヤ、ニゲラが美しい。

リンゴ畑を「Apple Bears Garden」と名づけ、収穫したリンゴで作ったジュース、ジャム、リンゴだけを詰めた「リンゴ便」の販売も始めた。次女も頼もしい戦力に。

リンゴを栽培するかたわら ナチュラルガーデンを手がけて

わが家はリンゴ農家。夫の両親が大切につくってきたリンゴ畑を守りながら、ガーデニングを楽しんでいます。

庭づくりは19年前から。転勤で長野県に戻り、夫の実家の敷地にログハウスを建て、庭をもてるようになったことがきっかけです。その庭をバラでいっぱいにしようと、木立ち性、ツルバラなど、とにかくありとあらゆるバラを植えました。ここまで頑張ってしまったのは、近所の素敵なローズガーデンに魅了されたから。今思えば、素人の私がバラに挑戦なんて、無謀すぎましたよね。

裏庭にナチュラルガーデンをつくりはじめたのは2年前です。かねがね夫に

「ガーデンハウスを造って」と頼んでいたのですが、「畑の中のリンゴの選別小屋の隣しか造るスペースがない」と言われていて。そこはリンゴ箱が積み上げられていてちょっと雑多な感じ。ガーデンハウスを造るならまわりに庭をつくらなければ友人も招けません。そこで、玄関前の庭と同じナチュラルガーデンにしようと思ったのです。玄関前と小道でつながっていますから。とはいえ、リンゴの木があるので、手入れのジャマになる高さのカンナなどは植えられません。グラスを主に、ガウラやセージなどの宿根草を植え、あとはニゲラやオルレアなどのこぼれ種にまかせることに。それが自然の摂理、自然の庭の姿だと思うのです。

振り返れば、私は母が植えたチューリップの芽を1つ2つと数えるのが好きな子どもでした。母は40代で早世しましたが、花好きは遺伝かも。生きていたらガーデンハウスとこの庭を見て、「こういうお庭が好き」って言ってくれるかしら。

びっくりしたのが、友人が庭で「ターシャが見える」と言ったことです。私のターシャ好きがにじみ出ちゃったのかな。見る人が見るとわかるのかなって。

念願のガーデンハウスから見えるのはナチュラルガーデンとリンゴの木。「秋はリンゴが色づき、絵本の世界のようになるんです」

完成したばかりのガーデンハウス
庭を眺めつつお気に入りの雑貨を飾る時間を堪能《たんのう》

アンティークで整えたガーデンハウス。「古き良き時代に見えるかな。友達はターシャの部屋みたいってほめてくれます」

ターシャに似ているところと違うところが我ながら面白くて

実は、ターシャデビューは遅咲きで、6年前のこと。というのも、私はバラに夢中で手に取る本も園芸誌ばかり。しかも、義父が他界したあとはリンゴ栽培を学ぶため専門学校に1年通っています。子育てしながら10年、リンゴ畑の管理はほぼ私一人。そもそも時間がありませんでした。

ターシャを知ったのは『私のカントリー』（主婦と生活社刊）から。こんなに素晴らしい庭をつくりながら昔ながらの暮らしを実践されていたことに衝撃を受け、すぐに書店へ直行。ターシャのいろいろな本を読みました。田舎暮らし、ていねいな暮らし、庭づくり、話す言葉の一つひとつが心に響きました。私も田舎が大好きで都会に出たいと思ったことがなく、素朴な日常が理想。夫もカントリーライフが好きで、家を建てるときもログハウスで意見が一致したほどです。

ターシャと大きく違うところは、私は料理とお菓子作りが苦手なところ。大ざっぱな性格なんですよ。でも、高校生の娘は頼りになる存在です。最近はリンゴを使ったお菓子作りに夢中みたい。お庭を見に来た友人たちにふるまっては、「もっとレパートリーをふやす」と燃えています。洋服もターシャのように作ればいいのですが、私は無器用なので、はなから無理と断念。リネン地のハンドメイドの服を着るようになりました。ものすごく感化されています。

雪が降り、庭仕事もリンゴ仕事もできない冬は、ガーデンハウスのディスプレイに使うアンティークをネットで探します。夫が頑張って造ってくれたのだから、素敵にディスプレイしなければ申し訳ないし、かの時代を彷彿《ほうふつ》させるには、アンティークを使うしかないと思うんです。まだまだディスプレイの腕は未熟ですが、「自分が好きならそれでいいのよ」とターシャなら言ってくれるかな。

1友人にさし上げたリンゴがタルトタタンになってカムバック。2収穫したリンゴでジュースとジャムを作って販売を。「製造は専門の会社におまかせ」。ラベルは佐々木みゆきさん(p.47)が描いたもの。3娘さんが作ってくれる「寝るクマクッキー」。「枕はチョコレートなんですよ」。4〝さんフジ〟もあと少しで真っ赤に。

1娘さんと友人たちのおかげで、リンゴづくしのティータイムに。2「秋の主役はリンゴなので、可愛くかごに盛ってみました」。"秋映"という新しい品種。

「ガーデンハウスの素朴なインテリアのなか、家族でお茶を楽しむ時間がもてるなんて夢のよう。このとき、私の気持ちはかの時代に飛んでいます」

夫の定年後は自由な時間がふえて「本当にやりたいこと」で大忙し

会社員だった夫が定年を迎えてからは、リンゴ栽培を分担できるようになりました。自分の時間がふえた私。長野の自宅からさっそく向かったのは、インスタグラムでつながった素敵なお庭の数々です。西は兵庫、北は北海道まで。多いときは１日に４軒をはしごすることもありました。丹精こめたみなさんの庭で、たくさんの刺激と学びをもらい、それを庭づくりに生かすのが楽しいんです。

私があまりに夢中だからか、「どうしてそんなに花が好きなの？」とは、よく聞かれます。でも、「ただ好きだから」「花が根づいてくれるから」としか答えようがなくて。花を育てることが、私にとって呼吸するのと同じくらい普通のことなのです。そういう気持ちを上手に説明する言葉を、まだ見つけられません。

庭づくりをしていてつらいと思ったことはありません。石を運ぶのも、レンガを運ぶのも楽しい。ただ、年々、ツルバラの剪定《せんてい》がキツくなってはいます。寄る年並みですかね。私はともかく、夫にはこれからも頑張ってもらわないと。だって、薪ストーブの薪割りは彼の仕事ですから！

「本当にやりたいことは、何？　何かに夢中になれるのは大事なこと。それが人を前に進ませてくれます」というターシャの言葉は、私のお守り。この言葉に押されて前進できています。そして自分の時間がふえたぶん、やりたいことはいっぱいできました。ナチュラルガーデンをもっと充実させて、ガーデンハウスの天井を塗り、アンティーク雑貨をふやして、ターシャの農作業小屋のように変えたい。フランスの田舎と蚤《のみ》の市にも行ってみたい。たくさんのお庭を訪問したい。小さなやりたいことから大きな夢まで目白押しですが、どれも本当にやりたいことばかり。ちょっと欲ばりすぎですか、ターシャさん。

小屋があるのは自宅玄関前。３年前に造り、周囲にグラスを植えた。「石畳の道は裏庭まで続いています」

ガーデンハウスに続く道は熊井さんがレンガを敷いた。凸凹も愛きょうのうち。黄色のリンゴは〝シナノゴールド〟。

PROFILE

熊井智恵子さん

CHIEKO KUMAI

リンゴ農家経営のかたわら、ガーデナーとして有名に。インスタグラムのフォロワー数は3.4万人。ガーデニング歴19年。オープンガーデンオブ信州会員。オープンガーデンは通年開催（冬季は閉園）。要予約。詳細はインスタグラム@chiekuma0602まで。「Apple Bears Garden」のリンゴ便についてはインスタグラム@apple_chiekumaまで。

第三章

つらい時期の支えは庭と家族と友人たち、そしてターシャの生き方

トールペインター・ガーデナー

佐々木みゆきさん

義母から引き継いだ庭は
私にとって大きなキャンバス
手をかけてあげれば
どんな絵も描けるのです。

OPEN GARDEN

和の庭をバラの似合う庭に変えた時間は手仕事の喜びを再確認する作業でした

9年前、義母がつくってきた和の庭を引き継いで始まったガーデニングライフ。トールペイントの指導者である私にとって、１５０坪もある広い庭は大きなキャンバスです。ワクワクしましたが、庭には柿の木をはじめ椿《つばき》に沈丁花《じんちょうげ》、紅葉など25種類もの木々が１００本以上も植えられていました。バラが似合う庭にしたくても、すべて抜いてしまうのは忍びなくて。どうしたものかと思いあぐねていたら、義父が自身で手入れをして大切にしていたはずのカイヅカイブキ74本を、バッサリ！「脚立に乗って手入れをするのが難しい年になったから」と言っていましたが、私が〝Reガーデン〟しやすいように先陣を切ってくれたんだと思います。

難問はまだありました。家の基礎と隣家との間にそびえるブロック塀の存在です。そこで、一計。基礎部分にフランスの田舎の家の窓辺のような風景をつくることに。しかもリアルに。懇意にしているガーデナーさんに相談し、窓と鎧戸《よろいど》の製作と取り付けを依頼。そこに私が経年劣化したようにペイントしたら、バラもオルレアも映えること映えること。素朴さも醸されて、理想どおりのでき栄えに。ガーデナーとして人生の師として尊敬するターシャも「喜びは創りだすもの」と言っていましたが、本当にそう。手を動かして得る喜びを再発見した思いでした。もちろん、ターシャは山に広大な庭をつくったので、比較にはなりませんが。

わが家の庭は斜面になっているメインガーデンと平坦な裏庭、2つの庭をつなぐボーダーガーデンという変形の庭です。斜面の庭は裏庭の5倍ぐらいの広さがあり、立っているのが大変なほど傾斜がきついため、作業にひと苦労。削っては石で土留めをし、土を入れ替えて花壇と園路をつくり、ひな壇状に変えるのに3年かかりました。石と土を運んでくれた夫と次男には、本当に感謝しています。

まるでピーターラビットの家のようなたたずまい。ブロック塀を隠すために、モルタル造形でイギリスの古い家風に佐々木さんが製作した。

「2つの庭をつなぐ小道をバラのトンネルにしたくて、アーチを設置し、ツルバラをはわせました」。奥に見えるのが裏庭。

長男を失った悲しみから少しずつ立ち直り新しい夢をもてるようになりました

ターシャとの出会いは、40年ほど前になります。保育士をしていた私は子どもたちに読み聞かせる絵本を探していて、たまたま手に取ったのがターシャが描いたものでした。やさしい筆致、可愛らしい子どもたちの顔、動物たちの愛くるしいしぐさ。ひと目で虜《とりこ》になりました。作者はターシャ・テューダーというのね。アメリカの人か。こんなに心穏やかになる絵を描くのはどんな人だろう。いろいろと興味をもちましたが、日々の忙しさにそのままでした。

再会したのは、7年前になります。ガーデニングの参考に『私のカントリー』(主婦と生活社刊)を見ていたらターシャが載っていて、むさぼるように読みました。

庭づくりの話、暮らし方、言葉が心に沁《し》み入り、涙が出たのです。

実は当時、私は29歳の長男を病気で亡くして心はもぬけの殻に。庭にも出られない日々でした。やがて静かに時間が流れ、家族や友人たちが励ましてくれて、少しずつ前を向けるようになっていたとき、ターシャも離婚を乗り越えたことを知りました。それで、私も気持ちを強くもたなきゃって。庭づくりを再開したのですが、モルタル造形でレンガの壁を再現していたとき、腕を痛めてしまいました。それでも続ける私を夫は心配しつつも、そっと見守ってくれました。きっと天国にいる長男に見せたくて頑張っていることに気づいていたのでしょう。

今は次なる夢もできました。子どもたちに読んでもらう絵本を作ることです。もちろんトールペイントと絵本の絵は違うし、物語も考えなくてはなりません。本当にできるのだろうか、とたじろぐこともありますが、夢をもつことは人生に張りが出て、生きる喜びに通じると思うんです。完成が10年先になるか20年先になるかわかりませんが、庭づくりを続けながら、夢を追いたいと思っています。

丹精こめた庭の草花を
自分の絵に写しとって

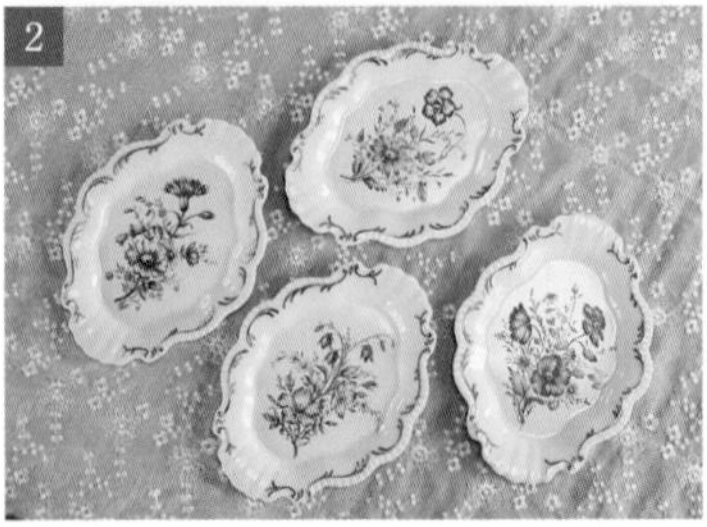

庭の草花が創作の源に。1ボタニカルアートのように精密なトールペインティングの作品。2絵皿は焼きつけが必要で、「ポーセリンアートとは違い、チャイナペインティングと呼ばれています」。

[1]黄色と茶色の中間色のコリウス。「赤い色が有名ですが、〝ムーンライト〟という品種です」。[2]秋色紫陽花の〝西安〟。初冬まで咲きつづけ、色に深みが出る。紫陽花は背が高くなり、株も大きくなるため、「広い面積を埋めるのに重宝なんです」。[3]レモン色で小ぶりなのはウインターコスモス。[4]晩秋まで咲いてくれるジニア。

インスタグラムや庭を通じて世界が一気に広がりました

自分を元気づける意味もあって、インスタグラムを始めて庭の写真を投稿することにしました。更新は気が向いたときだけでしたが、いつの間にか全国に花友達、庭友達ができてびっくり。3年前からはオープンガーデンを始めたところ、行列ができるほど大勢の方に見に来てもらえて感激しました。

私も多くの個人庭におじゃまして、刺激をもらっています。昨年は兵庫県の自宅から北海道へ、今年は長野の庭にうかがい、学びを得ました。今の庭につくり上げるお話は参考になることばかり。一人で作業していたときにはなかった共有と共感。人生にこんなうれしいことが待っていたなんて想像もできませんでした。

最近、私はモルタル造形にハマっています。隣家との間のブロック塀をモルタル造形でイギリスの古い家に見えるように変えてみたら大好評で。次に、ベランダの下に中世ヨーロッパ風の壁とドアをつくりました。今年はヨーロッパの古城にあるアーチ門のようなものを2個つくりました。高さのある構造物が入ることで、庭の表情がガラリと変わり、写真を撮るのが楽しい毎日です。モルタル造形は好きな形につくれるのもいいところ。トールペイント教室でも小さい作品づくりを教えています。庭と部屋に置く雑貨がメインですが、親子で習いに来てくださる方もいて、でき上がったときのうれしそうな顔といったら！

ターシャの「努力と勇気があれば奇跡は起こせると信じています」という言葉があるんですが、どれだけ励まされてきたかわかりません。庭づくりを続け、インスタグラムとオープンガーデンをしたからこそ、今の私があると言ってもいいくらい。ですから、いつか私も、ターシャのように誰かを勇気づけることができ、笑顔にできる存在になれたらいいな、と思っています。

ここが家の基礎部分。ガーデナーの「ウッドペッカー」(インスタグラム@kitutukimusume)さん(p.107)に窓と鎧戸の製作取り付けを頼み、佐々木さんがペイントした。

PROFILE

佐々木みゆきさん

MIYUKI SASAKI

トールペイント歴30年。トールペイントやモルタル造形を指導する「Aelier Wabbit」を主催。https://atelierwabbit.com/ インスタグラム@atelier_wabbit_paint こども園で子どもたちに絵も指導。5月のオープンガーデンについては、インスタグラム@atelier_wabbit_gardenまで。

第四章

難病とのつき合い方も
育児と庭づくりも
ターシャの言葉を胸に

ガーデナー
山崎亮子さん

冬には深い雪に覆われる
200坪の広大な庭を
家族で大切に育んで

第四章 ● 難病とのつき合い方も育児と庭づくりもターシャの言葉を胸に

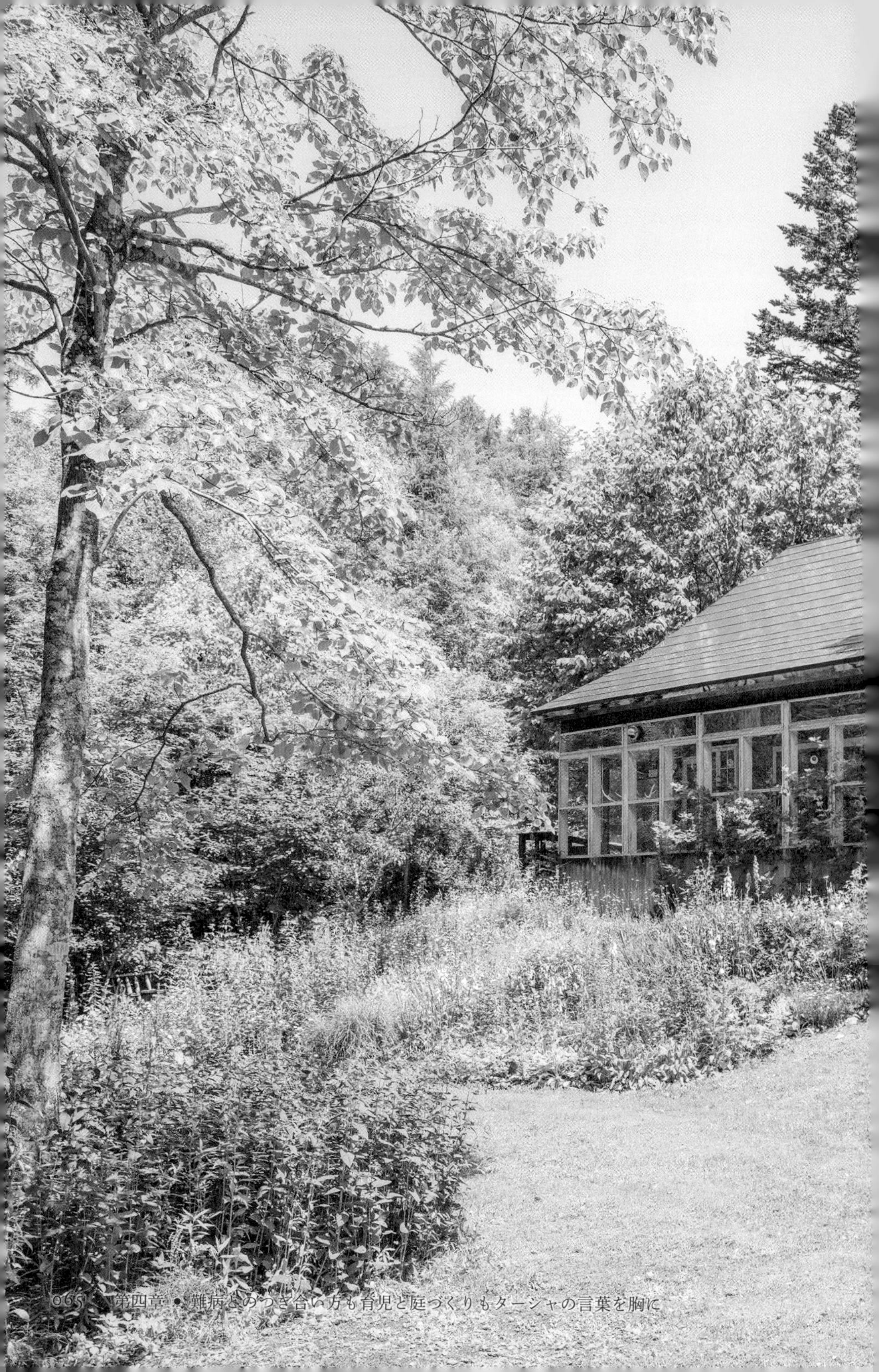

子どもたちと楽しくつくった広大な庭は ターシャの庭のようと言われるように

私の庭を見た方の多くが、ターシャの庭のようだとおっしゃってくださいます。木立に囲まれた広い庭のなかに三角屋根のレンガ調の家あるので、そう見えるのかもしれません。庭はムーミンハウスと呼ぶ小屋に続くなだらかな丘と森、およそ200坪の芝地や草花が茂るゾーン、畑をつくっている裏庭という3つで構成しています。電動車椅子を使う私ですが、移動はゆるい傾斜の小道を使うので安心です。この小道は、庭づくりを始めたとき、幼かった息子とその友達も一緒に遊びながら、一輪のネコ車で土を運んでつくったという思い出深い道です。

一流のガーデナーであるターシャと違い、北海道に自生する植物で、地元の野山を表現したいと思う私の庭仕事はおおざっぱ。時に雑草や雑木も生えてきたまま育ててきました。冬になり枯れた植物も地面に倒れたまま堆肥にし、肥料もたまにしか与えないので花も小さく控えめです。

ターシャの庭の足元にもおよばない私の庭で、あえて似ているところをあげるとするなら、母世代の古い品種の花が好きで大切にしているところや、冬はすっぽりと雪に覆われるところでしょうか？

私の庭は公開していませんが、6年前からインスタグラムを始めました。写真を撮るのが好きですし、次第に進行する持病も、庭にいる写真とともに伝えたら、フォローしてくれている友人たちも「元気そうね」と安心してくれると思って。まさか3万人を越えるフォロワーさまに恵まれるなんて、夢にも思いませんでした。人生、何が起こるか分からないですね。

庭とインスタグラムのおかげで、病状を気にかけてくださるフォロワーさまにご心配をおかけしないよう、元気でいなくては！　と励まされています。

「森の庭からこんにちは」。これは、私がインスタグラムに投稿するときの挨拶《あいさつ》の言葉。森に囲まれたこの庭を「森の庭」と呼んでいるんです。森の中で暮らす子どものころからの夢が叶い、晩年のターシャ同様「今が一番良いとき」です。

私が森を好きになった原点は、幼少期にさかのぼります。育った家の近くに原生林があり、父に連れていってもらったとき、とてもきれいな光景を目の当たりにしたんです。それは、廃虚の庭に咲く黄色いスイセンの群生。あまりに美しくて、子ども心にうっとりしました。

それからは森が遊び場に。森が友達といっても過言ではないほど、自然と木々が大好きでした。植物が好きすぎてバラにほおずりをして、母にけがの心配をさせたこともあったほど。高校生になっても変わらず森が好きで、手作りの木綿の洋服を着て森で過ごすのが一番くつろぐ、ちょっと変わった女の子でした。友人たちにハイジと呼ばれていましたっけ。

就職先も、森や野原で遊ぶ幼稚園を選びました。結婚して住んだ借家では、荒れた庭を再生させました。振り返ると私は常に、緑の傍らにいたように思います。

息子が生まれてからは、夫婦でおおらかな子育てに憧れ、自然豊かな土地を探しました。この土地はひと目ぼれです。近くに湧水の流れる小川と森がある美しい光景に、夫婦で「ここだ！」と決めました。

ところが、家と庭をつくり、犬を家族に迎え、夢見ていたにぎやかで伸びやかな暮らしが実現している手応えを感じていたなか、思いもよらず身体が不自由になっていったのです。最初はよく転び、「疲れかしら？」と思う程度でしたが、病名が分からないまま進行し、人工呼吸器が必要になるほど症状も重くなり……。

それでもほがらかでいられるのは、自分らしく生きていられる居場所が、ここに、ちゃんとあるからです。

多くの方が「前向き」と言ってくださいますが、涙も出ないほど打ちひしがれる日も多くあります。そんな時に思い出すのが、「喜びは創りだせるもの」というターシャの言葉。私は喜びを創造しようと背中を押され、庭に行きます。

自然のなかの暮らしはトラブルの連続。私は、冒険と思って楽しんでいます

「癒やされる」「うらやましい」といっていただくことも多い私の暮らしぶりですが、実は穏やかならぬことの連続です。嵐で高さ15ｍのトドマツが何本も倒れて道を塞いだり、あわや家が押しつぶされるところだったり。嵐が来ると木々が倒れやしないかドキドキしながら梢をあおぎます。上下水道も無いので、地下数十ｍから地下水を汲み上げて飲料水に利用していますが、水脈が枯れたり、なんと巨大ナメクジが電動の汲み上げポンプに巻きつき、壊してしまったことも。

最初は、庭もすべてが想定外の連続でした。畑をつくろうと思ったら石がどっさりふくまれていて耕運機の歯が立たないし、周辺のカラマツ林を伐採した斜面

は雨で土が流出、荒れ地のように……。今の森の庭からは想像もできないですね。一つひとついろいろな方のご厚意に支えられつつ、家族で「遊び」として楽しみながら乗り越えてきました。種から木々を育て、一個ずつ石を掘って積み上げて石段を作ったり……。

気がつくと、積み重ねた年月がこうして実っています。

植え込みなどを手伝ってくれる息子さん。「強力な助っ人に成長してくれました」。山崎さんは車椅子から手が届く範囲の花がらと雑草を摘む係に。

誰かを楽しませる工夫、自分らしく生きる工夫は、ターシャがお手本に

現在も名前のつかない難病を抱えたままです。心がくじけないと言ったら嘘になりますが、私の心の支えになっているのは、ターシャの生き方と言葉です。出会ったのは、20代前半のころ。『ターシャ・テューダーのガーデン』（文藝春秋刊）という本でした。森が好きな私にとってターシャは憧れの人になり、なおかつ、ターシャが話す言葉の一つひとつが心に響きました。

特に、「自分の好きなものは好き！」と言いきる強さは、生き方を模索していた私に強い輝きを放ちました。好きな服を着て好きな場所を慈しむ暮らし。ターシャのように好きなことをして年を重ねられたら幸せ。試練もあったはずなのに、

強く生きる姿は尊敬せずにはいられません。私も好きを貫き、強く生きようって。

加えて、ターシャのユーモアと創造性にも影響を受けました。昔ながらの暮らしをエンターテインメントに変えていったところが特に好き。クリスマスでは家族でジンジャーマンクッキーを焼き、何日もかけてツリーを作って。雪で閉ざされたらマリオネットで劇を演じて子どもたちを夢中にさせるなんて、素敵すぎます。

当時、幼稚園で働いていた私は、園児たちに楽しい思い出をつくりたくてできたことは少ないながらも趣向を凝らしましたっけ。そうした考え方は自分の子育てや、難病を抱えても自分らしく生きるための工夫へとつながっていきました。

手仕事もその一つ。今も、庭に咲いた花でガーランドを作り、育てたブラックベリーでジャムを作ります。料理もすれば、洋裁もします。麻痺があるため時間はかかるし不器用ですが、ていねいに何かを生み出すのが楽しくて。

工夫して楽しく暮らす根っこはターシャと同じ。といいますか、根っこをターシャに育ててもらって今がある、と言ったほうがいいのかもしれません。

とはいえ、インスタグラムを見てくださる方から、「ターシャのよう」と誉めていただくと、かつては心がチクリと痛みました。本当はターシャのように古きよき時代の暮らしを守りたいと願っていたのに、今の私は呼吸や移動に最新テクノロジーと電力が必要という、ある意味において真逆を生きているからです。

ですが、もしもかの時代に生きていたら、とっくに寝たきりであったであろう私が、機械の呼吸であれ息をし、笑い、電動車椅子であれ自由に庭を犬と駆けている――。なんと恵まれていることかと思い直しました。不器用で不格好ながらも、自分らしく生きられるなら私は十分……と笑っていたら、ますます「ターシャのようですね」と、励ましていただくようになったのですから不思議ですね。

自然は冬がめぐっても何度でも春が来るように、生きてさえいたら、よい時は必ずめぐってきます。春を夢見て秋にチューリップを植えるように、いつも人生に喜びの種をまきながら、ていねいに生きていきたいと思います。

ムーミンハウスが立つ場所、もとはむき出しの崖だったそう。「高低差を生かしたすべり台もあるんですよ。小屋の中にはお気に入りの古い雑貨をディスプレイしています」

1ガーデンルームと呼んでいる風除室は奥行きも横幅もあり、アトリエのよう。「ここでお茶をしながら本を読む時間も大好き」。2ご主人が定年したときの第一声が「つなぎを買って」。「これから庭仕事は僕がするからって。夫は私が庭に出ると焚《た》き火をして、煙で虫退治をしてくれます」。3電動車椅子で進む小道にはみ出してきた草花を摘み、ドライフラワーに。4夏は小花をガラス器に飾っている。「北海道の夏も年々暑くなっているので、少しでも涼を感じられるように…と思って」

PROFILE

山崎亮子さん

RYOUKO YAMAZAKI

ガーデナー歴30年以上。自宅の庭を森に再生しはじめて18年。庭は非公開。「ゆるふプロジェクト」(未診断、まれな疾患、心因性など、理解が得られにくい疾病と生きる仲間のための患者会) 代表。現在、Webサイト「Garden Story」で執筆中。
https://gardenstory.jp/writer/ryoukoyamazaki
著書『いのちのガーデン〜北の森で暮らす車椅子のガーデナー』(家の光協会刊)。
インスタグラム@ryouko _yamazaki

撮影/山崎さん(2枚とも)

1年分のキャンドルを、大鍋を使って
家族総出で作っていたターシャ。
その蜜ろうのキャンドルを
キッチンで手軽に作ることができました。

1 ベーシックなラウンドキャンドル。紙コップに座金をつけた芯を入れ、割りばしなどで芯を固定。蜜ろうを流し固める。2 卵の殻を活用したキャンドルをエッグホルダーに。火をつけなくても、インテリア小物として飾るだけで絵になる愛らしさ。

飼っている羊の羊毛を刈り、糸を紡いで、染めて、機織り機で布にして洋服を作って——。ターシャはたいていのものを手作りしていました。

　そんな多岐にわたる手作りのなかで、花と手作りの作家である寿喜さんが目をとめたのは、蜜《みつ》ろうのキャンドル。すすや黒煙がなく、マイナスイオンが出るなどの効能は、かねてから知っていましたが、家庭で手作りできるとは思っていなかったそう。でも、ターシャが庭で作っているシーンを本で見て、ものは試し。雑貨を作る感覚でチャレ

蜜ろうのキャンドルをクリスマスツリーのオーナメントで製作。「短めに仕上げて、芯を切らずに飾りました」。写真のように吊るしているだけで素朴な趣を醸す。

ンジしてくれました。

「湯せんした蜜ろうに芯をつけるだけなので、キッチンでも卓上コンロでも作ることができますね」

思ったより簡単に作ることができるようです。ただ、熱すると蜜ろうが飛び散りやすいので、鍋は不要なものをセレクトして、クッキングシートやアルミ皿でしっかりと汚れ対策をしておくと安心でしょう。

「一つとして同じ形にならない、手作りのぬくもりがいい感じ。密ろうの甘い香りに心を癒やされてくださいね」

蜜ろうキャンドルの作り方

材料と道具

●フレーク状の蜜ろう
●空き缶（アルミよりスチールがおすすめ）
●鍋　●ハサミ　●割りばし　●直径２㎜のキャンドル用の芯　●クッキングシートなど

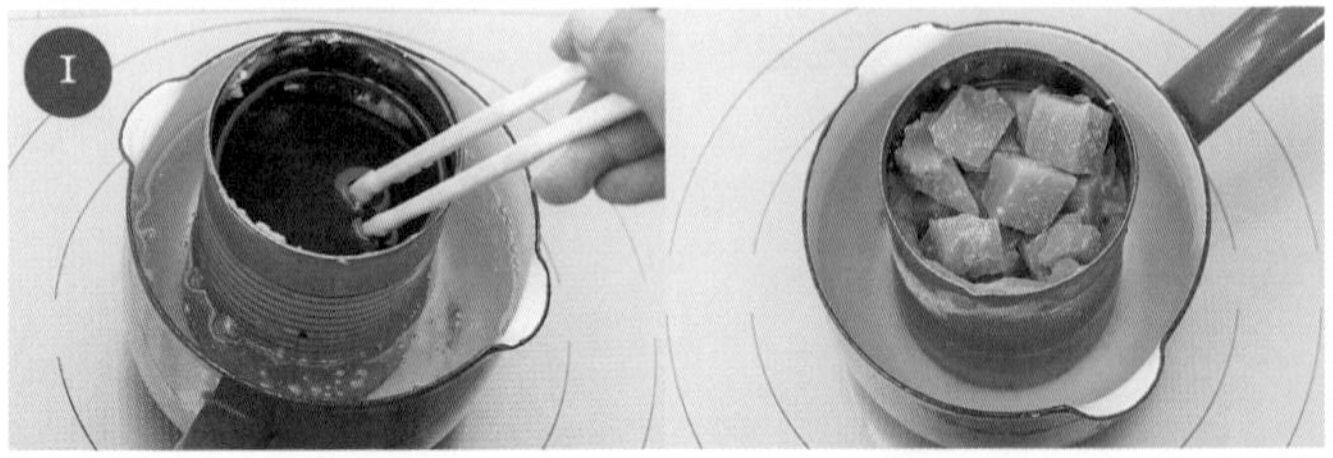

コンロに水を入れた鍋をかけ、湯せんで蜜ろうを溶かして、割りばしでかき混ぜる。やけどに注意をしつつ、液状になるまで混ぜる。

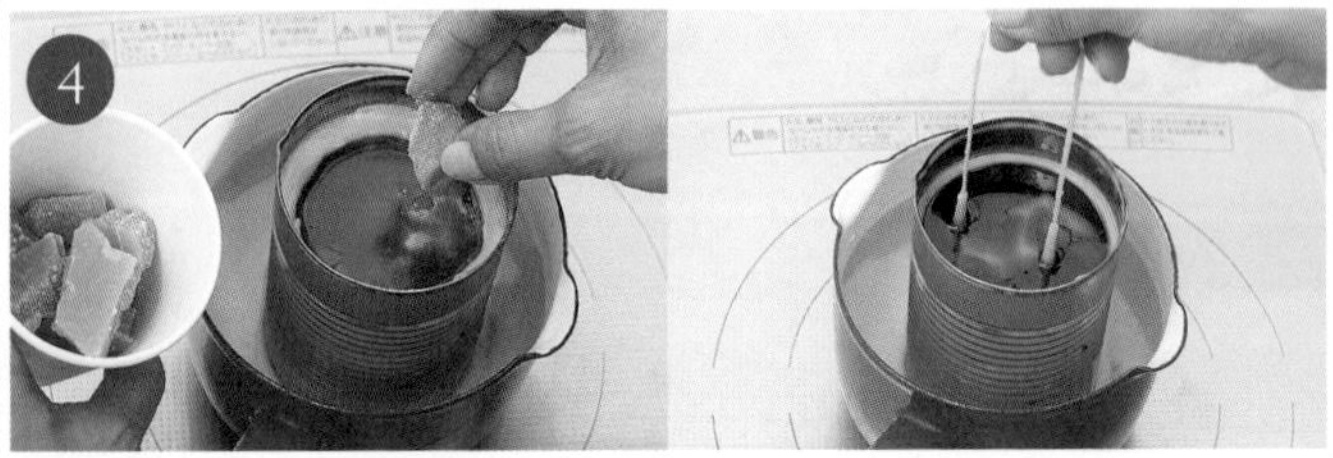

２〜３を繰り返す。蜜ろうは缶の縁にうっすらと付着して固まる温度をキープ。高温では先端が溶けて細くなる。足りなくなったら、蜜ろうを足す。

応用編　エッグ形キャンドルの作り方

1

2

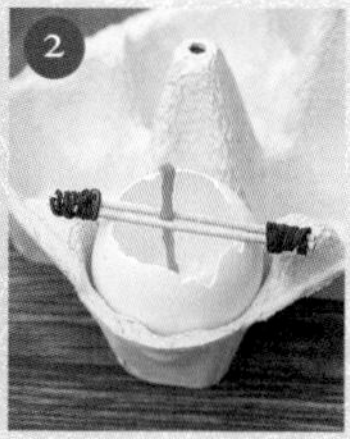

❶キャンドル用の芯を座金にセットし、芯を蜜ろうに浸す。❷輪ゴムで束ねたつま楊枝に芯を挟み、固定。殻に蜜ろうを流し込めば完成。

2

持ち手の部分を足して、作りたいキャンドルの長さの倍に芯を切る。中央を持ち、蜜ろうに浸して芯をコーティング。

3

ろうが固まる前に、指で芯をまっすぐに伸ばし、形を整える。少し休ませて、蜜ろうに浸して固める作業を繰り返す。

5

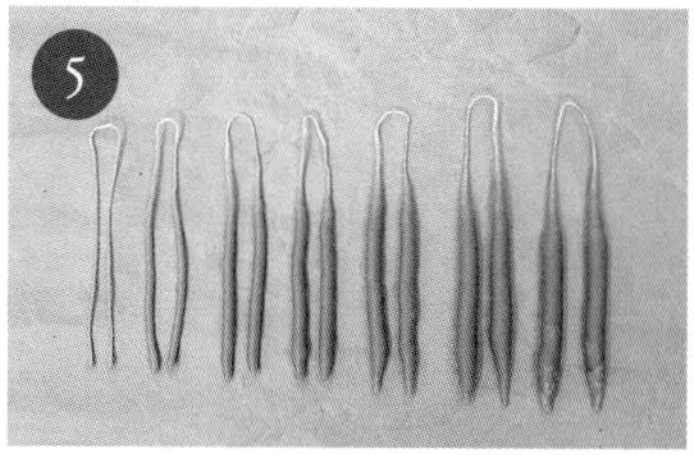

２～４を繰り返している間に、キャンドルが少しずつ太くなっていく。

6

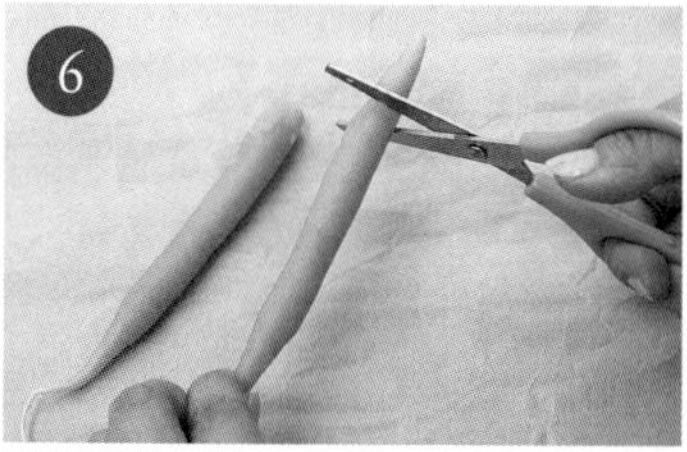

好みの太さになったら、下端をハサミでカット。切り口を蜜ろうに浸す。ろうが付着していない持ち手の芯を切れば完成。

PROFILE

尋喜裕美さん

HIROMI TAKI

フローリスト兼ハンドメイド作家。自宅でワークショップを開催したり、北海道のイベントにも出店している。Webでは季節の花、花飾り、手作り雑貨を販売している。詳しくは下記へ。
インスタグラム
@orangetree_made

第五章

人生を楽しむため50代で理想の地へ移住し、自力で家を建築

森のDIYコテージ「つくつく村」オーナー
植木純恵さん・竹光さんご夫妻

窓から見える美しい景色に
知らない土地に勇気を出して
移り住んでよかった、と改めて

人生を楽しむための暮らしを求めて 私52歳、夫55歳で群馬県嬬恋村に移住

9年前まで、私たち夫婦は徳島県に住んでいました。ログハウスを建てていましたし、一生そこで暮らすと思っていたのに、今は群馬県嬬恋《つまごい》村の住人です。

そもそもの始まりは、11年前の5月のこと。移住したログハウス仲間に会うため、初めて嬬恋を訪れたのです。そのとき、何時間も雨音を聞きながら森にいたのですが、心が軽くなり、ここに住みたい。夫婦で同じことを思いました。私は寒いのが苦手なのに、そう思わずにはいられないほど感動する光景だったのです。

もともと夫は「50歳で仕事を辞めて北海道か長野県に移住するんだ」と、たびたび口にしていました。私は「寒いところに移住？　冗談でしょ」と断固、拒否。

それなのに、今では夫より、雪が積もる嬬恋村が大好き。人間、変わるものです。

そうはいっても、ひと目ぼれの直後に移住できたわけではありません。年齢も年齢です。健康面だけではなくて、今までの仕事はどうするの？　安定した暮らしを捨てるの？　知らない場所での収入の確保は？　親の面倒は？　次々と不安要素が頭をもたげます。でも同時に、疑問もむくむくと。「生活するための仕事と暮らし」と「人生を楽しむ暮らし」のどっちがいいの？　そう思ったとき、夫婦で出した答えは後者のほうでした。

介護が一段落して、ついに移住に舵《かじ》を切ります。土地探しには時間をかけました。どんな木があるのか、秋の景色はどんな感じ？　家はあとからどうとでもなるけれど、環境が変わるのは勘弁。だから、景色が変わらない場所と広さにこだわり、妥協しませんでした。何度も徳島と嬬恋を往復し、見つけたのがミズナラとカエデがいっぱいの森。ログハウスが建つ広さ１０００坪の土地でした。

２年後、移住を決行。実は、私たちの背中を押したのはターシャなんです。

冬は外が白い世界になり、気温は氷点下15度。「キーンと凍《い》てつく空気でも薪ストーブがあれば、室内はポカポカ」

景色を楽しむためにリビングを２階につくり、大きな窓を設置。紅葉の秋、雪の冬景色を独り占めできるとは贅沢《ぜいたく》。

薪ストーブで調理をすると
森からのご褒美をいただけます

「この美しい景色には薪ストーブが似合います」。1・2薪ストーブでグツグツと温めているのは特製カレー。「薪ストーブで料理を温めると、よりおいしく感じます」。ダイニングテーブルの近くにあるので、「シチューも、おでんも、熱々のまま」。お皿にたっぷり盛りつけて、「めし上がれ」。3愛用の鍋はフランスの「STOVE」。鉄製なので、煮込み料理に最適。

移住先では文字どおり開墾から開始。好きなことだけをする生活へ

実は1度目の嬬恋訪問のとき、ターシャに出会いました。といっても、本でのことですが。ターシャは57歳からバーモントで一人暮らし。家は息子さんが建てたというではないですか。あまりに〝ガン見〟していたので、ログ仲間がターシャの本5冊とDVD3枚を貸してくれました。そして、書かれていた言葉「自分自身の心に正直に。まずは自分がどうありたいか」に背中をドンと押されたのです。私たちは50代に入ったばかり。ターシャより若い。好きなことを始めるのに遅いことなんてないはず。

嬬恋に移住してからの1年は、ログハウスに住みながら開墾。隣にこぢんまり

した2階建ての家を建てました。プロの手も少し借りましたが、ほとんど自力です。ユンボ（土を掘る重機）で基礎の穴を掘り、床を張り、壁はモルタル仕上げです。新たに家を建てたのは、ログハウスを貸し別荘にするためです。さらにもう1棟、南仏プロヴァンススタイルのコテージを造り、森のDIYコテージ「つくつく村」と名づけました。

四国の友人たちが遊びに来てくれたときのこと。会話のなかで「嬬恋で好きなことだけをするつもり。嫌なことはもうやらないって決めた」と言ったら、みなさん驚いていて。まずいこと言ったかと思ったら、「私もそれを目指して勉強しているの」「ターシャみたい」って。気持ちが通じたことがうれしかった。自分の思いを表現できるようになったのも、ターシャとの出会いがあったからです。

森で暮らしていると「不便なことはありませんか」と聞かれます。でも、インターネットで買い物もできますし、医者も近くにいます。森で暮らす幸せは、ターシャが教えてくれました。もちろん、何事も始めるのに年齢は関係ないことも。

薪ストーブはアメリカの「バーモントキャスティングスイントビレットII」。パワーもありこれ1台で部屋が暖まる。

「移住成功の鍵は、場所選びが大事。移住の先輩のアドバイスを聞き、自治体の水道を使える土地がベストです」

DIYで作った家はキッチンも手作り。壁は造形用モルタルで塗装。「梁《はり》が見え、フランスの田舎家のようと言われます」。

PROFILE

植木純恵さん&竹光さん

SUMIE&TAKEMITU UEKI

浅間山の麓にある嬬恋村に森のDIYコテージ「つくつく村」を夫婦で運営。コテージは北欧ログハウスと南仏プロヴァンススタイルの2棟。コテージでは薪ストーブ体験ができ、キッチンも使用可。

群馬県吾妻郡嬬恋村大字鎌原1053-11974
※軽井沢駅から車で40分。
予約はインスタグラム@tsukutsukumuraあるいは、https://www.tsukutsukumura.comまで。北軽井沢駅から送迎あり。

第六章

団地のベランダで植物に癒やされ、すべてに愛情を注ぐ

ドール作家
毛塚千代さん

大事なものこそ、しまい込むことなく日々の暮らしに使って楽しみたい

ガーデニング好きな姉と一緒に初めてターシャさんのテレビ番組を見たときの感動は忘れられません。花壇の花を絶やさないように、咲く順番を工夫したり、その植物にとっていちばん居心地のいい場所を何年もかけて見つけてあげたり。広大な庭の手入れや苦労をものともせず楽しんでいる姿に、圧倒されました。共感したのは、アーチやトンネルなどの華やかな演出を施さず、自然の美しさや風情を大事にしていること。団地暮らしのわが家のベランダは本当に狭いけれど、生まれ故郷を思い出して、できるだけ自然の風景に近づけたいと思っています。生き生きとしたグリーン越しに見る青空は格別。空気が澄んでいるように思

えて、ベランダに出るたびに深呼吸。私の小さな団地ガーデンとターシャさんの広い庭はまったく違う世界ですが、それでも植物は私を癒やしてくれています。

ターシャさんも私と同じようにカントリードールを作っていると知ったのは、もっとあとのこと。ターシャさんは作るだけでなく、本格的な物語をつくって〝出演〟させていました。私は人形遊びはしないけれど、ドールの物語を思い浮かべ

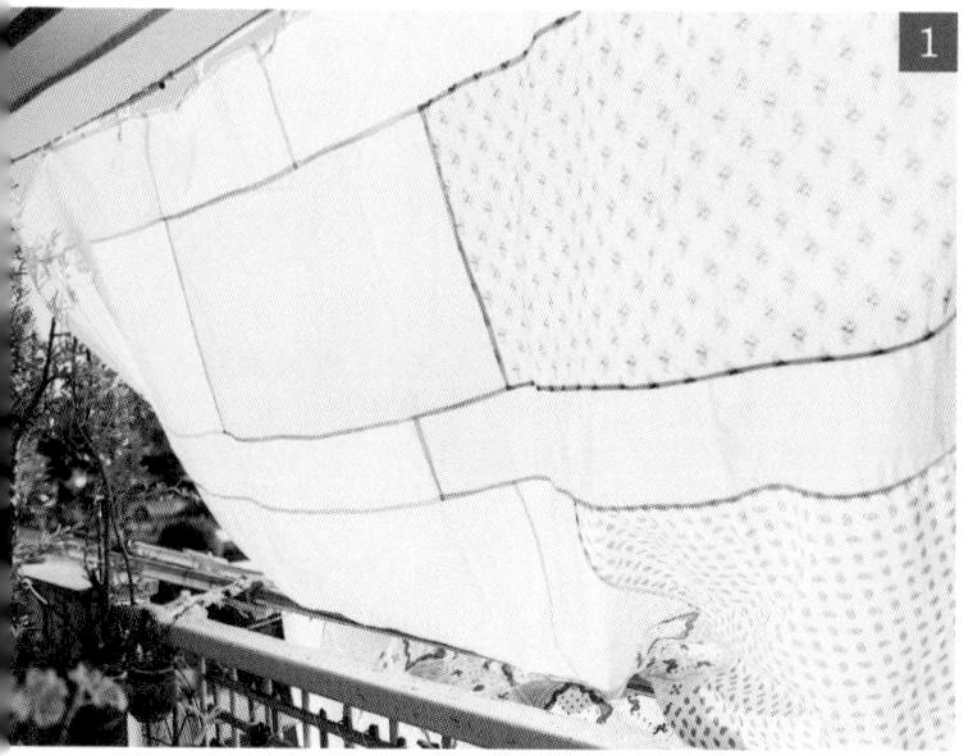

1日ざしよけに手作りしたオーニング。
2「ベランダは人１人がやっと通れるほどの小さな場所だけれど、たくさんの幸せを届けてくれています」

るのは大好き。この子はどんな性格？　どんなことが好きなの？　と思いながら作ると、一人ひとり違った表情が生まれる気がします。

そんなカントリードールのこと、庭のこと、そして彼女の人生。著書や展示会でターシャさんの奥深い魅力を知れば知るほど、私の心に強く響いたのは、コーギコテージ（バーモントのターシャの住まい）で繰り広げられる、日々の暮らしの様子でした。特に２０１５年の「生誕１００年　ターシャ・テューダー展」には深く感銘を受けました。室内の写真、生活道具、手作りのドレスやエプロンの展示品。なかでもお気に入りの薄青色のスターブリッジ格子模様の生地で作ったクッションやカーテンは素敵でした。映像のなかで、ターシャさんはコーギコテージにあるものすべてに、あたたかなまなざしや愛情を注いでいました。なかでも、キッチンの窓からさし込む光のなかで、使い慣れた道具に囲まれて台所仕事をしているシーンが好き。大事なものこそしまい込むことなく、日々の暮らしに使って楽しむ生き方は、私も心がけてきたことに似ているようでうれしいです。

インテリアに限らず、家事や掃除、おしゃれだってそう。たとえば、お昼ごはん。一人だからといって適当に済ませるのではなく、簡単でもおいしいレシピを心がけたり、器やセッティングで遊んでおいしく食べるのが日課です。「外出しないから着るものは何でもいいや」ではなく、その日の気分で好きなワンピースを選ぶのもその一つ。ちょっとした心の切り替えで、毎日が楽しくなるんです。

1毛塚さんが製作したカントリードールたち。今はその多くが、ファンのもとへと旅立っている。2お孫さんが9歳のときに作ってくれたドール。3若かりしころのターシャを思い浮かべて作ったファームママ。4ターシャをイメージしたドール。

PROFILE

毛塚千代さん

CHIYO KEZUKA

1979年から住む３Ｋの団地で、子育てをしながら模様がえを繰り返してつくり上げたインテリアが『私のカントリー』(主婦と生活社刊)などに掲載され、一躍、注目の存在に。カントリードール作家としても知られ、販売のあるイベントでは行列ができる。YouTube「毛塚千代のほのぼの生活日和」を立ち上げたことで、若い層にもファンをふやす。2024年発刊に向けて新著を準備中。

インスタグラム@chiyo_kezuka

第七章

田舎暮らしを心から楽しみながら可愛いおばあちゃんに

キルター・ガーデナー
大谷基栄子さん

和と洋の世界を無理なく溶け込ませ
自然の姿に近いナチュラルガーデンを

一応、わが家も山の中にありますが、ターシャの世界とは段違い。洋風なガーデンという要素はかけらもありません。そもそもこの庭は、もともとは野菜のゴミ捨て場でした。しかも庭の奥に見えるのは、古い日本家屋と蔵が鎮座する「ＴＨＥ和」の世界。私の実家です。母が他界し、一人暮らしになった父が心配で敷地の端っこに家を建て、家族で引っ越してきました。

念願の庭づくりの一歩目は、ゴミの片づけと雑草を抜くことから。一度更地にしてから、レンガで道を造り、友達からもらったバラの苗木を植えて、少しずつ草花をふやしていきました。でも、悩みは、奥にそびえる和の象徴である庭木です。立派なので切るわけにも抜くわけにもいかず、どうやってもカントリーワールドの庭にならない。広さは100坪。どうしたらいいの……。

考え抜いた末、あまり作り込まずに、和の木になじむ背の高い草花と紫陽花を植えて、和と洋の同化を図ればいいと思いつきました。私がつくりたい庭は花壇じゃなくて緑あふれるナチュラルガーデン。ターシャの庭を見て学びました。

友人が来るときは、自作のパッチワークキルトを庭にかけて母屋を隠す。「少しだけターシャの世界に見えるでしょ」

ターシャとの縁は、パッチワークキルト作りがつないでくれました。パッチワークの参考に『私のカントリー』(主婦と生活社刊)を見ていて目に飛び込んできたのが、可愛いおばあちゃま、ターシャだったのです。20年以上も昔のことですが、「いつかターシャのような庭をつくる」という夢ができました。

古き良き時代の暮らしを慈しむターシャの姿にも感動しました。私も田舎に住んでいますし、子どもたちのおやつは手作り。針仕事も好きで、子どもたちのバッグや人形を作っていました。なんだか勝手に親近感を覚えたものです。

田舎のよさをあらためて教えてくれたのもターシャでした。私も、周囲の山を庭と思えば、バーモントのターシャの庭に引けをとらないかも。朽ちてきた農機具小屋は歴史の趣ととらえればいい。何事も前向きに考えることが大事ですね。

今は私も、孫をもつおばあちゃん。ターシャのように素足で歩く庭をつくるのは程遠いけれど、小学生の孫と一緒に花を摘んだり、お菓子作りを楽しむ日々です。これからはターシャのようなキュートなおばあちゃんになりたいな。

岡山県の山の奥に
ひっそりとたたずむ庭

20年以上かけてつくってきたナチュラルガーデンの立役者は、種を運んでくれる鳥と虫。1「私が生まれる前からある農機具小屋に手書きのプレートを立てかけて雰囲気づくりを」。2白い花はニゲラ。3庭の中心にレンガを敷き、ガーデンセットを置いてカフェ風に。花が咲いている時季は、ここで友人と過ごす時間が大好き。

PROFILE

大谷基栄子さん

KIEKO OOTANI

パッチワークキルト歴35年のキルター。自身の実家の敷地に家を建てたのを機に、ガーデニングを始める。庭は非公開。ハンドメイド、料理・お菓子作り、器集めが趣味。インスタグラム@hana_things

第八章

無謀といわれた挑戦も「好き」を貫いたことで今がいちばん幸せ

オーダー家具&ガーデンデザイン・施工「ウッドペッカー」オーナー

宮野典子さん・和典さんご夫妻

紆余《うよ》曲折があるのが自分たちの人生
今の幸せに至るまで、2つの大きな決断を

もともと私は専業主婦で、夫は会社員でした。それが今は、ガーデナーの私とオーダー家具を作る職人の夫という夫婦。夢をかなえたといえば聞こえはいいのですが、ここに至るまで紆余曲折があり、2つの大きな決断をしました。

1つ目の決断は、夫の脱サラです。きっかけは、娘の「やりたいことを見つけたいから、大学に行かない」というひと言です。そこで物づくりをしたいという夫に会社を辞めるよう勧めました。人生は一度きり。好きなことをしなくては。とはいえ、明確な目標があるわけではなく、お互いの親には「無謀すぎる」と怒られました。それでも自然と食べていけるという自信があったのです。

フランスの田舎の庭のようと評判のバラの庭。アンティークドアを開けると、アンティークのバケツやほうろうの雑貨などをそろえたガーデンショップになっている。

ターシャのように自分の幸せを追って好きなことにまっすぐ、芯をもって生きる

自由を得たことで、花が好きな私はフラワーアレンジメントを教えながらガーデニングを始め、夫はカントリー家具の製作を開始。ちょうどカントリーブームで、カントリー家具の注文が引きも切りませんでした。ただ、借家での製作には限界が……。そのころ、ターシャの存在を知ったのです。雪深い山に引っ越して、庭をつくりながら19世紀の農村の暮らしを続けるターシャ。幸せそうな笑顔は、「好き」を貫いたからこそにじみ出るものなのだと、引き込まれました。

私たちも「好き」を貫くため、築30年の中古住宅を購入しました。49歳、2回目の決断です。さっそく私はガーデニングにいそしみ、夫はアンティークの部材

や古材を使ってリノベーションを始めたところ、「庭をつくってほしい」という依頼があったのです。家具をオーダーしてくださったお客さまが私の庭をごらんになられて、「アンティークにバラや草花が寄り添う庭が、フランスの田舎の庭に見えた」って。夫と喜びをかみしめた瞬間でした。こうして生まれたのが、「好き」を貫いた、オーダー家具と庭づくりの「ウッドペッカー」なのです。

1ガーデンルームの玄関にはドライフラワーを飾り、田舎家の趣に。2アンティークの窓越しの景色は海外のよう。

50代で本格的に人生のセカンドステージへと乗り出した私と夫。このとき、お財布はすっからかんでした。でも、夢と希望が大きくて、後悔はみじんもありませんでした。人生、いろいろあるのが当たり前ですから。

最近は、人とのつながり、縁というもののありがたさを実感しています。ここは看板もなく、庭も道路から見えないので、口コミでお客さまがふえてくれました。インスタグラムを始めたことも、つながりを感じる一つ。友人と仕事仲間がふえ、人生が豊かになっていると感じています。

庭づくりでお客さまから多くの注文をいただくアンティークを使った小屋や石積みの塀は、夫が作ってくれます。おかげで庭のデザインの幅が広がったのはいうまでもありませんが、良き相棒です。一緒に仕事ができるのがうれしくて。

庭仕事に没頭していると「ターシャみたい」と言われることがありますが、おそれ多くて首を横に振ります。一つ自慢できるとしたら、今の私たちはターシャと同じか、それ以上の笑顔になっていること。……なんて、怒られるかしら？

1こぼれ種や育ってきた宿根草で地面が見えなくなった〝自然に寄り添う庭〟。2「庭づくりの基本は手入れをしすぎないこと」。石畳に草花が寄り添う穏やかな庭づくりが典子さんの真骨頂。3庭にアンティークを置いて雰囲気をつくるのはご主人が担当。

PROFILE

宮野典子さん・和典さん

NORIKO & KAZUNORI MIYANO

「大好きでずっと居られる場所造り」をモットーに、兵庫県加古川市でオーダー家具製作とガーデンデザイン・施工をする「ウッドペッカー」をご夫婦で経営。典子さんのガーデナー歴、和典さんの家具製作歴はともに23年。庭の見学やお問い合わせは、典子さんのインスタグラム@kitutukimusume、家具のオーダーやショップへの来店は、和典さんのインスタグラム@w.p_garden のDMまで。要予約。

第九章

自分の楽しみを「創り」だすためにフランスへ

旅作家・「Les Bleuets」オーナー

木蓮さん

ここがフランス――。雄大なコクリコ畑が教えてくれた答え

大人になって知るフランスのイメージは、エッフェル塔に「ラデュレ」のマカロン、おいしいフランス料理、美しい城や美術館。子どものころ、フランスは「農業国」と学んだはずなのに、実際にテレビで見る優雅なパリの景色に不思議な違和感をもちました。時は流れてすっかり忘れていたところ、「陸の孤島」と呼ばれるフランス・オーヴェルニュ地方の田舎へ降り立つことに。風とともに麦畑が波のようにうねり、真っ赤なコクリコがゆらゆらと揺れながら、どこまでも続いています。「ああ、フランスは農業の国」

その瞬間、私はこの大地とともに生きていこうと心を決めました。

木蓮さんに強烈なインパクトを与えたコクリコ畑。

もともと神戸に住み、小学生のころから雑貨屋さんやインテリアショップを見るのが大好きで、気がつけばインテリアショップの店長に。仕事は大好きでしたし、お客さまとお部屋のプランを考えるのも楽しい時間でしたが、忙しすぎて植物を植えても枯らしてしまい、料理が大好きだったはずなのにコンビニ弁当を食べている始末。

「私のやりたかったことは、こんなことだったのかな？」と、一日じゅうビルの中で働いている自分の姿に疑問をもつようになりました。

そんなとき、ふとつけたテレビの画面に私の目は釘づけに……。

眩《まぶ》しいほどの輝きとともに、花がうたうように咲き乱れ、その花畑の中心にターシャさんがたたずんでいて。あまりの衝撃に急いで録画を始め、それからというもの、その映像を何度も何度も見返すようになりました。それほどまでに、私の心を揺さぶったのです。

シンプルな暮らしが好きで、花を育て料理を作ることが大好きだった自分を思い出しました。その後、『楽しみは創り出せるものよ』（メディアファクトリー刊）という彼女の本に出会い、「こんな暮らしがしてみたい」と考えるようになったのです。

ちょうどそのころ、仲よくなったフランスの友人たちの暮らしに興味をもつように。森でキノコ採りを楽しんだり、自分で家を改装したり、週末は蚤《のみ》の市を訪れたり。日本での暮らしとの違いに思いきって「人生の夏休みが欲しい」と出かけたフランス。そこから、自分の人生がどんどん変わっていきました。

友人の紹介で知り合った夫とつき合うようになり、自然のなかで生きる人々をたくさん見かけるようになります。小さな村をめぐったり、自宅の畑や山へ幾度となく連れていってもらいました。結婚当初、「なんで日曜日にお店が休みなの?」とか、「コンビニがないから不便」と言っていた私に、「どうしてわざわざ日曜日に買い物へ行く必要があるの?」「コンビニがなくても暮らしていけるよ」と言われ、はっとしたものです。日本での「便利」な暮らしをここに持ち込んでも、何の意味もないのだと。「不便」だからこその暮らしを楽しむべきだと。そして、「日々の楽しみは、自分によって創りだせるもの」なのだと。

季節ごとに変わる景色と農作物
私たちは大地に生かされているのです

畑ではリンゴや洋梨が実り、村には真っ黒なブラックベリーの実がそこここに。その実を眺めていると、夫が手のひらにブラックベリーをのせてくれました。「食べていいの?」と驚いていると、「ここは村の土地だから、誰でも摘んでいいんだよ」と。周囲ではマダムたちも実をたくさん摘んでいます。てっきりデザート用と思っていたら、「このまま置いておくと腐るからコンフィチュール(ジャム)にしないとね」。そのとき、「コンフィチュールとは、一気に実ってしまう果物をムダにしないために作る保存食」と実感しました。山の斜面に実る野イチゴも、雑木であるエルダーフラワーも、山に転がる栗の実も、すべて大切な食材であると同時に、一年をとおして食べられるように考えられた先人の知恵。

甘みの少ない野生の果物だからこそ、砂糖やハチミツを足し、おいしく食べられるようにしていたのでしょうね。「マルシェに並ぶ美しい果物はナマが一番！」と、当たり前のことも知り、それからは買った果物でコンフィチュールを作ることはありません。

私の心にもどんどん変化が生まれます。季節ごとに大地が染まる農作物の姿こそが、私のなかのターシャさんの世界観へとつながっていきました。

春先には一面に咲くスミレ、コルザ（菜の花）、タンポポ。真っ白なタンポポの綿毛が飛び立つと村の家々の壁には藤の花が咲きはじめ、生け垣のリラ（ライラック）の花の何ともいえない甘い香りが村じゅうを包み込みます。初夏になるとニセアカシア、エルダーフラワー、麦、コクリコが大地を染め、夏を迎えます。やがて向こうの先が見えなくなるほどのヒマワリがつくりだす黄金の海。その花が立ち枯れていくと、ブドウの収穫が始まります。こうして一年をとおして育てられる農作物こそが、「地球」を彩る花たちであり、私たち人間はここに住まわせていただいているのだと強く感じるのです。

そんなある日、「世界じゅうの蜂《はち》が減少している」という記事を見かけて衝撃を受けました。わが家の畑や庭でも、いつも忙しそうに飛びまわる蜂の姿を見かけますが、この子たちがいなくなったら、どうするのだろう。果実は結実しなくなってしまう……。

そこで、畑に蜜源植物と呼ばれる花の種を撒《ま》くところから始めてみました。期待どおり多くの蜂がやって来るようになり、しだいに「養蜂」自体に興味をもつように。

実は、私は「大の蜂嫌い」。そんな私にできるのかどうか不安もあり、近くの養蜂農家さんのもとに夫と2人で2年ほど通いました。最初は耳もとで飛びまわる蜂の羽音にびくびく。しかし、師匠であるジャン・クロードに「怖いと思うと、蜂がもっと寄ってくるよ」と言われ、とにかく心を平常に保つことを心がけました。やがて時とともに、少しずつ蜂の存在が可愛く思えるようになり、ようやくわが家の養蜂箱を作ることになりました。

もちろん、ペンキも環境にやさしいものを、と小麦粉やオークルを練り上げて作りだし、オークル色とラベンダー色の2色でおめかし。最初は3つの養蜂箱から始めましたが、現在は15箱となっています。

1リラの花にもぐり込む蜂。2養蜂箱はかなりの重さで、持ち上げるのもひと苦労。3養蜂箱のふたを開き、蜂の状態を確認しているところ。4いよいよ採蜜の瞬間！「蜜ぶたをナイフではがし、遠心分離機に巣枠をセットしてグルグルと回します。わが家の採蜜に使う機械はアンティークのもの。一生懸命手入れし使えるようにしました。初めて黄金に輝くハチミツが機械の中から流れ出したときの感動は、今でも忘れられません」。5「一生のうちに１匹の働き蜂が集められる蜂蜜の量は、たったティースプーン１杯と知り、大切にいただくようになりました」

私が地球環境のためにできることは、ほんの小さなこと。自己満足かもしれませんが、何もしないよりはいいかなと、ご近所のＢＩＯ農家さんたちと話し合いながら、これからも養蜂を楽しんでいきたいと思います。

そんな私の毎朝の日課。それは、夫が淹《い》れてくれたカフェオレを飲みながら、窓の外を眺めること。目を開けた瞬間、朝日によって家のなかのすべてがバラ色に染まる日もあれば、冬を迎える前に暖かい土地へ旅立つツバメたちが、村じゅうに挨拶《あいさつ》をするように、せわしなく空を旋回している日もあり、雲海の中から太陽が生まれる瞬間を独り占め……。そんな季節とともに移り変わる景色を眺めながら、私の一日がスタートします。

さぁ、今日も一日楽しみましょう！

そう、「人生の楽しみは自分で創りだすもの」なのです。一人の女性の生き方として尊敬するターシャ・テューダーのように……。

1眼下には蕎麦《そば》の花。「このあたりは視界を遮《さえぎ》る建物がないため、気球やグライダーなど空からの眺めを楽しむスポーツが盛んです」。2ヒマワリが咲くころは一面が真っ黄色に。3甘い香りが漂うリラの花の生け垣。4春になると一斉に咲くスミレ。5春、大地を菜の花が染め上げげて。6散歩道に無数に咲く春のタンポポは葉をサラダにしたり、花をコンフィチュールやワイン、根をコーヒーに。道端で花を摘んでいると、「何を作るの？」と聞かれ、レシピ交換を縁に仲よくなることも多いそう。

PROFILE

木蓮さん

MOKUREN

39歳で渡仏。旅作家、写真家雑貨ショップ「Les Bleuets《レブルエ》」オーナー、フランスの田舎を紹介するWEB雑誌『Salon《サロン》 Rustique《ルスティック》』主宰など、ターシャと同じように多彩な顔をもつ。
インスタグラム@ france_mokuren
公式HP　https://www.salon-rustique.com
新著『フランスの小さな村を旅してみよう』（東海教育研究所刊）

終わりに

あなたにとって、ターシャはどんな存在ですか？
人生の先輩でしょうか。
家族や友人のように身近に感じる存在でしょうか。
それとも、未来の自分のためのお手本でしょうか。
本書でご紹介した女性たちのように
あなただけのターシャは見つかりましたか？

ターシャが亡くなって15年。
今も変わらず、私たちが自分らしく生きるために
前向きなメッセージを送ってくれているように思います。
本書のなかに、あなたの背中も押してくれる
生き方と言葉が見つかれば、幸いです。

STAFF

取材・執筆　小山邑子
伊藤嘉津子　食野雅子　木蓮

撮影　砺波周平
石川奈都子　伊東俊介　木谷基一　細川 剛　木蓮

デザイン　五味朋代

校閲　別府悦子

編集　髙橋 薫

本書は『私のカントリー』（主婦と生活社刊）に掲載した記事に再取材を加えて再構成しています。

私たちの「ターシャ」を探して

編者　株式会社　主婦と生活社

編集人　束田卓郎

発行人　倉次辰男

発行所　株式会社　主婦と生活社
〒104-8357 東京都中央区京橋 3-5-7
https://www.shufu.co.jp
編集部　☎ 03-3563-5455
販売部　☎ 03-3563-5121
生産部　☎ 03-3563-5125

製版所　東京カラーフォト・プロセス株式会社

印刷所　TOPPAN株式会社

製本所　共同製本株式会社

ISBN978-4-391-16072-7

十分に気をつけながら造本しておりますが、万一、乱丁・落丁その他の不良品がありました場合には、お買い上げになった書店か、小社生産部へお申し出ください。お取り替えさせていただきます。